El Camino de la Cruz con el Papa Francisco

El Camino de la Cruz con el Papa Francisco

Meditaciones sobre las Estaciones

EDITADO POR ALESSANDRO SARACO

Paulist Press
New York / Mahwah, NJ

Imagen de la portada: AP Photo / Gregorio Borgia, © 2016 The Associated Press
Diseño de la portada y del libro por Lynn Else

Library of Congress Control Number: 2015955820

ISBN 978-0-8091-4984-1 (libro de bolsillo en inglés)
ISBN 978-1-58768-605-4 (libro electrónico en inglés)
ISBN 978-0-8091-4986-5 (libro de bolsillo en español)
ISBN 978-1-58768-607-8 (libro electrónico en español)

Publicado por Paulist Press
997 Macarthur Boulevard
Mahwah, New Jersey 07430

www.paulistpress.com

Impreso y encuadernado en los
Estados Unidos de América

Contenido

Prefacio

"Te adoramos, Oh Cristo, y te bendecimos, porque por tu santa cruz redimiste al mundo".

Con esta invocación que comienza cada estación del Vía Crucis, invitándonos a contemplar el misterio de la pasión y muerte de Jesús, la Iglesia reconoce el primado fundamental de la cruz de Cristo en la historia de la humanidad. Es como si le estuviéramos diciendo: "Gracias, Jesús, porque nos salvaste…Gracias, porque has sufrido por nosotros…Gracias, porque cada dolor tuyo, cada gota de sangre derramada es una bendición, es vida para el mundo".

Sí, la cruz de Jesús es la verdadera prueba de cuanto Dios nos ama. Es la epifanía, el despliegue, del amor misericordioso de Dios. Quizás algunos se pregunten: ¿por qué nosotros los cristianos traemos al presente una y otra vez el recuerdo de la pasión de Cristo? ¿Por qué revivimos paso a paso, en oración y en devoción, la *vía dolorosa*, en cuyo final encontramos un sufrimiento terrible, una señal del fracaso humano, una tortura despreciable? ¿Por qué recordamos con alegría un camino mojado de lágrimas y de sangre inocente, un camino atravesado por los pasos del Cordero que subió la colina para ser sacrificado, resonando con gritos, lamentos y burlas—la burla y la crueldad de aquellos guiados por el mal?

Ciertamente, el Camino de la Cruz, expresa todos estos significados, trayendo nuevamente recuerdos terribles. Sin embargo, debido a él, quien lo caminó por nuestra salvación, también es el camino del amor que triunfa sobre todo mal y sufrimiento injusto en el mundo. El camino de misericordia mayor que el pecado, donde la verdad se sobrepone ante las mentiras y la luz brilla en la oscuridad. El propósito de la cruz no es el sufrimiento, ni siquiera la muerte, de un inocente. En la cima del Calvario, la imagen de Cristo crucificado se expone ante nosotros—tontería para los gentiles—pero para nosotros, quienes estamos llamados a la salvación, es el poder y la sabiduría de Dios, la belleza de Dios que nos conduce a él: "Y yo, cuando sea levantado de la tierra, atraeré a todos a mí mismo" (Juan 12:32).

La cruz es la palabra de esperanza y de misericordia para todos los crucificados del mundo, para todos los que estén oprimidos, los enfermos, los pobres, los marginados, las víctimas de violencia y de abuso, para que encuentren el valor de mirar hacia Aquel que fue traspasado. De esta mirada de amor divino ellos reciben bienestar, paz, consuelo y misericordia, y aún la fortaleza para perdonar a sus verdugos. ¿Qué sería del hombre sin la cruz de Cristo? San Gregorio de Nacianceno dijo: "Si no fuera tuyo, Cristo mío, me sentiría criatura finita". Por eso, el Papa Francisco nos invita a continuar "este Vía Crucis en la vida de cada día. Caminemos juntos por la vía de la Cruz; caminemos llevando en el corazón esta palabra de amor y de perdón" (Discurso, 29 de marzo de 2013).

—Alessandro Saraco

La indulgencia plenaria para aquellos que hagan el Camino de la Cruz

¿QUÉ ES UNA INDULGENCIA?

Una indulgencia es "la remisión ante Dios de la pena temporal por los pecados, ya perdonados en cuanto a la culpa, que un fiel dispuesto y cumpliendo determinadas condiciones, consigue por mediación de la Iglesia, la cual, como administradora de la redención, atribuye y aplica con autoridad el tesoro de las satisfacciones de Cristo y de los santos".[1] La indulgencia es parcial o plenaria según libere de la pena temporal debida por los pecados en parte o totalmente. Todo fiel puede lucrar para sí mismo o aplicar por los difuntos, a manera de sufragio, las indulgencias tanto parciales como plenarias.[2]

¿QUIÉN PUEDE OBTENER UNA INDULGENCIA?

Cualquiera que esté bautizado, no excomulgado y en estado de gracia, puede obtener una indulgencia.[3]

¿CUÁLES SON LAS CONDICIONES?

Para ganar una indulgencia plenaria, además de querer evitar cualquier pecado, aún venial, hay que rezar o hacer la obra que incorpora la indulgencia cumpliendo tres condiciones: recibir confesión sacramental, recibir la Eucaristía y orar por las intenciones del Santo Padre. Las tres condiciones pueden cumplirse unos días antes o después de rezar o hacer la obra que incorpora la indulgencia, pero es conveniente que la comunión y la oración por las intenciones del Sumo Pontifice se realicen el mismo día. Rezar un Padre Nuestro y un Ave María por las intenciones del Santo Padre cumple con el requisito, pero se concede a cada fiel la facultad de orar con cualquier fórmula, según su piedad y devoción.[4]

LA INDULGENCIA PLENARIA ADJUNTA A LA DEVOCIÓN DEL CAMINO DE LA CRUZ

Se concede indulgencia plenaria a los fieles cristianos que oren el Camino de la Cruz o que se unan devotamente al Santo Padre al verlo o escucharlo por televisión o por una transmisión de radio. La devoción del Camino de la Cruz renueva nuestro recuerdo de los sufrimientos de Cristo en su camino desde el praetorium de Pilato, donde fue condenado a muerte, hasta el monte Calvario, donde por nuestra salvación murió en la cruz.

Las normas para obtener estas indulgencies plenarias siguen:

1. La devoción debe hacerse ante Estaciones de la Cruz erigidas según la ley.

2. Como mínimo, las Estaciones de la Cruz consisten de catorce cruces. Usualmente estas cruces están adjuntas a tablas o imágenes representando cada estación.
3. Según la práctica usual, se leen catorce lecturas piadosas, con oraciones vocales. Pero, para hacer estos ejercicios, solo se requiere que se medite devotamente la pasión y muerte del Señor. No se requiere atención especial a cada estación.
4. Uno debe moverse físicamente de una estación a la siguiente. Si las Estaciones se hacen públicamente y no es posible que todos pasen de una estación a otra de una manera ordenada, es suficiente que la persona que lo dirige se mueva de estación a estación mientras los otros permanecen en su lugar.
5. Las personas que están impedidas de llegar a un lugar donde estén las Estaciones erigidas, pueden obtener indulgencias si al menos pasan algún tiempo, por ejemplo, quince minutos en la lectura devota y en la meditación de la pasión y muerte de nuestro Señor Jesucristo.

NOTAS

1. *Catecismo de la Iglesia Católica,* 1471.

2. Véase *Manuale delle Indulgenze. Norme e concessioni* (Ciudad del Vaticano: Libreria Editrice Vaticana, 2012), 65–66.

3. Ibid.

4. Ibid., 27–28.

Oración de apertura

Celebrante: En el Nombre del Padre, y del Hijo y del Espíritu Santo.

Todos: **Amén.**

Celebrante: Hermanos y hermanas, preparémonos internamente para viajar juntos, en humildad y en fe las Estaciones de la Cruz, para que podamos ver al Varón de dolores, conozcamos las heridas profundas y secretas de nuestros propios corazones, y experimentemos la infinita misericordia del Señor, quien tanto nos amó y dio su vida por nuestra redención. Te rogamos perdón por nuestros pecados y por los pecados del mundo.

Breve silencio.

Celebrante y Asamblea: Yo confieso ante Dios Todopoderoso
y ante ustedes, hermanos,
que he pecado mucho
de pensamiento, palabra,
obra y omisión.
Y, golpeándose el pecho, ellos dicen:
Por mi culpa, por mi culpa,
por mi gran culpa.
Luego, ellos continúan:
Por eso, ruego a Santa María, siempre Virgen,
a los ángeles, a los santos,

y a ustedes hermanos,
que intercedan por mí ante Dios, nuestro Señor.

Celebrante: Dios Todopoderoso tenga misericordia de nosotros, perdone nuestros pecados y nos lleve a la vida eterna.

Todos: Amén.

Celebrante: Oremos. Oh Dios, que en la pasión de Cristo, nuestro Señor, nos liberaste de la muerte, el legado del antiguo pecado transmitido a la humanidad, renuévanos en la semejanza de tu Hijo. Que al llevar a nuestro nacimiento la imagen del hombre terrenal, podamos, por la acción de tu Espíritu, ser portadores de la imagen de lo divino. Por Cristo, nuestro Señor.

Todos: Amén.

Estación I

Jesús es condenado a muerte

V. Te adoramos, oh Cristo, y te bendecimos.
R. Porque por tu santa cruz redimiste al mundo.

> Pilato les dijo, "¿Qué haré entonces con Jesús, llamado el Cristo (Mesías)?" Todos le dijeron, "¡Sea crucificado!" Y él les preguntó, "Pero, ¿qué mal ha hecho?" Pero ellos gritaban aún más, diciendo, "¡Sea crucificado!"...Entonces, él soltó a Barrabás; y habiendo azotado a Jesús, se los entregó para ser crucificado.
>
> (Mateo 27:22–23, 26)

DEVOLVER EL AMOR DE DIOS PADRE

El Hijo de Dios se ofrece a nosotros, entrega en nuestras manos su Cuerpo y su Sangre para estar siempre con nosotros, para habitar en medio de nosotros. En el Huerto de los Olivos, así como en el juicio ante Pilato, no presenta resistencia, él se da a sí mismo; él es el Siervo sufriente anunciado por Isaías que se despoja a sí mismo hasta la muerte (véase Isaías 53:12).

Jesús no vive este amor que conduce al sacrificio de modo pasivo o como un destino mortal. Ciertamente, él no esconde su profunda turbación humana ante la muerte violenta, sino que se entrega a sí mismo al Padre con absoluta confianza. Jesús se entregó voluntariamente a la muerte para corresponder al amor de Dios Padre, en perfecta unión con su voluntad, para demostrar su amor por nosotros. En la cruz, Jesús "me amó y se entregó por mí" (Gálatas 2:20). Cada uno de nosotros puede decir: "Él me amó y se entregó por mí". Cada uno puede decir esto: "por mí".

Señor Jesús,
Que devolviste el amor del Padre,
¡Ten piedad de nosotros!

Padre Nuestro…

Stabat Mater dolorosa
iuxta crucem lacrimosa,
dum pendebat Filius.

Estaba la Madre dolorosa
junto a la Cruz llorosa,
en que pendía su Hijo.

Estación II

Jesús con la cruz a cuestas

V. Te adoramos, oh Cristo, y te bendecimos,
R. Porque por tu santa cruz redimiste al mundo.

Entonces los soldados del gobernador llevaron a Jesús al pretorio, y reunieron alrededor de Él a toda la cohorte. Le desnudaron y le echaron encima un manto escarlata, y pusieron sobre su cabeza una corona tejida de espinas, y una caña en su mano derecha. Hincando la rodilla delante de Él, le hacían burla, diciendo: "¡Salve, Rey de los Judíos!" Y escupiéndole, tomaban la caña y le golpeaban en la cabeza. Después de haberse burlado de Él, le quitaron el manto, le pusieron sus ropas, y le llevaron para crucificarle.

(Mateo 27:27–31)

AMOR EN EL QUE PODEMOS CONFIAR

¿Qué ha dejado la cruz en los que la han visto y en los que la han tocado? ¿Qué nos ha dejado la cruz a cada uno de nosotros? Nos deja un tesoro que nadie nos puede dar: la certeza del amor fiel de Dios por nosotros. Un amor tan grande que entra en nuestro pecado y lo perdona, entra en nuestro sufrimiento y nos da la fuerza para sobrellevarlo. Es un amor que entra en la muerte para vencerla y salvarnos. En la cruz de Cristo está todo el amor de Dios; allí encontramos su inmensa misericordia. Este es un amor en el cual podemos depositar toda nuestra confianza, en el que podemos creer…Solo en Cristo crucificado y resucitado encontramos la salvación y la redención. Con él, el mal, el sufrimiento y la muerte no tienen la última palabra, porque él nos da esperanza y vida: él ha transformado la cruz de ser un instrumento de odio, de derrota y de muerte, en un signo de amor, de victoria, de triunfo y de vida.

Señor Jesús,
En tu gran y fiel amor,
¡Ten piedad de nosotros!

Padre Nuestro…

Cuius animam gementem
contristatam et dolentem
pertransivit gladius.

Su alma gimiente
contristada y doliente
atravesó una espada.

Estación III

Jesús cae por primera vez

V. Te adoramos, oh Cristo, y te bendecimos.
R. Porque por tu santa cruz redimiste al mundo.

Ciertamente, Él llevó nuestras dolencias
y sufrió nuestros dolores;
y nosotros le tuvimos por azotado,
por herido de Dios y humillado.
Mas Él fue herido por nuestras rebeldías,
molido por nuestros pecados;
Él soportó el castigo que nos trae la paz,
y por sus llagas fuimos nosotros curados.
Todos nosotros nos descarriamos como ovejas,
cada cual se apartó por su camino;
mas Yahveh descargó sobre Él
el pecado de todos nosotros.

(Isaías 53:4–6)

DIOS ES DADOR DE VIDA

La fe no es un elemento decorativo, ornamental; vivir la fe no significa decorar la vida con un poco de religión, como si fuese un pastel y lo decorásemos con crema. No, la fe no es esto. Fe significa elegir a Dios como el criterio y la base de la vida, y Dios no está vacío, Dios no es neutro, Dios es siempre positivo, Dios es amor, ¡y el amor es positivo! Después de que Jesús vino al mundo no se puede actuar como si no conociéramos a Dios, o como si él fuese una cosa abstracta, vacía, de referencia puramente nominal. No, Dios tiene un rostro concreto, tiene un nombre: Dios es misericordia, Dios es fidelidad, él es vida que se da a todos nosotros. Por eso Jesús dice, "he venido a traer división". No es Jesús quien divide a los hombres entre sí…Seguir a Jesús implica renunciar al mal y al egoísmo, escogiendo el bien, la verdad, la justicia, incluso cuando esto requiere sacrificio y la renuncia a nuestros propios intereses. Esto de hecho divide; lo sabemos, divide incluso las relaciones más cercanas.

Señor Jesús,
Que viniste al mundo a revelarnos el verdadero rostro
  del Padre,
¡Ten piedad de nosotros!

Padre Nuestro…

O quam tristis et afflicta
fuit illa benedicta
Mater Unigeniti!

¡Oh, cuán triste y afligida
estuvo aquella bendita
Madre del Unigénito!

Estación IV

Jesús se encuentra con su madre

V. Te adoramos, oh Cristo, y te bendecimos.
R. Porque por tu santa cruz redimiste al mundo.

> Simeón les dio su bendición y le dijo a María, "Este niño está destinado a causar la caída y el levantamiento de muchos en Israel, y para ser señal de contradicción, a fin de que se manifiesten las intenciones de muchos corazones—y en cuanto a ti, una espada atravesará tu alma"...Su madre conservaba cuidadosamente todas estas cosas en su corazón.
>
> (Lucas 2:34–35, 51)

MARÍA, SIGNO DE ESPERANZA PARA LOS SUFRIDOS

María es la mujer cuyo corazón fue traspasado por una espada y quien entiende todas nuestras penas. Como madre de todos, ella es un signo de esperanza para los pueblos que sufren dolores de parto de justicia. Ella es la misionera que se acerca a nosotros para acompañarnos por la vida, abriendo nuestros corazones a la fe con su amor maternal. Como una verdadera madre, ella camina con nosotros, lucha con nosotros y derrama incesantemente la cercanía del amor de Dios…Como hizo con san Juan Diego, María les ofrece su consuelo maternal y les dice al oído: "No se turbe tu corazón…¿No estoy yo aquí, que soy tu Madre?".

Señor Jesús,
Hijo de María,
¡Ten piedad de nosotros!

Padre Nuestro…

Quae maerebat et dolebat,
pia Mater, dum videbat
Nati poenas incliti.

Dolorosa y triste estaba,
la piadosa Madre que veía
las penas de su excelso Hijo.

Estación V

Simón de Cirene ayuda a Jesús a llevar la cruz

V. Te adoramos, oh Cristo, y te bendecimos.
R. Porque por tu santa cruz redimiste al mundo.

> Cuando le llevaban, echaron mano de un cierto Simón de Cirene, que venía del campo, y le cargaron la cruz para que la llevara detrás de Jesús. Le seguía una gran multitud del pueblo, incluso mujeres que se golpeaban el pecho, lamentándose por Él.
>
> (Lucas 23:26–27)

MIRAR A LOS DEMÁS CON MISERICORDIA

La cruz de Cristo nos invita también a dejarnos golpear por su amor, enseñándonos así a mirar siempre a los demás con misericordia y con ternura, especialmente a los que sufren, a quienes tienen necesidad de ayuda, a quien espera una palabra o una acción concreta. La cruz nos invita a salir de nosotros mismos para ir al encuentro de ellos y tenderles la mano. ¿Cuántas veces los hemos visto en el Vía Crucis? ¿Cuántas veces acompañaron a Jesús en el camino al Calvario: Pilato, Simón de Cirene, María, las mujeres? Pregunto hoy: ¿cuál de ellos quieres ser? ¿Quieres ser como Pilato, quien no tuvo la valentía de ir en contra de la corriente para salvar la vida de Jesús, y en vez de eso se lavó las manos? Dime, ¿eres como uno de los que se lavan las manos, que fingen no saber y miran para otro lado? ¿O eres como Simón de Cirene, que ayudó a Jesús a cargar aquel madero pesado, o como María y las otras mujeres, quienes no tuvieron miedo de acompañar a Jesús hasta el final, con amor y con ternura? Y tú, ¿cuál quieres ser? ¿Como Pilato? ¿Como Simón? ¿Como María? Jesús te está mirando ahora y te dice: ¿quieres ayudarme a cargar la cruz?

Señor Jesús,
Tú nos pides cargar la cruz,
¡Ten piedad de nosotros!

Padre Nuestro…

Quis est homo qui non fleret,
Matrem Christi si videret
in tanto supplicio?

¿Qué hombre no lloraría,
si a la Madre de Cristo viera
en tanto suplicio?

Estación VI

Verónica enjuga el rostro de Jesús

V. Te adoramos, oh Cristo, y te bendecimos.
R. Porque por tu santa cruz redimiste al mundo.

> Creció en su presencia como un retoño delante de él,
>   Como raíz de tierra árida;
> no había en Él belleza ni majestad alguna,
>   su aspecto no lo hacia deseable.
> Despreciado y rechazado por los hombres;
>   Varón de dolores, hecho para el sufrimiento;
> como uno ante quien se oculta el rostro;
>   fue despreciado, y no le tuvimos en cuenta.

(Isaías 53:2–3)

UN REY QUE AMA

Jesús no entra en la Ciudad Santa para recibir los honores reservados a los reyes de la tierra, a quienes tienen poder, a quienes dominan; él entra para ser azotado, insultado y ultrajado, como Isaías profetizó en la Primera Lectura (véase Isaías 50:6). Él entra para recibir una corona de espinas, una caña, un manto púrpura: su realeza será objeto de burla. Él entra para subir al Calvario cargando un madero. Esto nos lleva a la segunda palabra: cruz. Jesús entra en Jerusalén para morir en la cruz. Es precisamente aquí donde resplandece su realeza, de acuerdo a Dios: ¡su trono real es el madero de la cruz! El Rey a quien seguimos y nos acompaña es un Rey muy especial: él es un Rey que ama hasta la cruz y que nos enseña a servir y a amar.

Señor Jesús,
Varón de dolores experimentado en quebranto,
¡Ten piedad de nosotros!

Padre Nuestro…

Quis non posset contristari,
Christi Matrem contemplari
dolentem cum Filio?

¿Quién podría no entristecerse,
al contemplar a la Madre de Cristo
padeciendo con Su Hijo?

Estación VII

Jesús cae por segunda vez

V. Te adoramos, oh Cristo, y te bendecimos.
R. Porque por tu santa cruz redimiste al mundo.

Yo soy aquel que ha sufrido la aflicción
  bajo la vara de su ira;
Él me ha hecho andar en las tinieblas;
  me ha apartado de la luz;
...ha sembrado de piedras mi camino;
  ha torcido mis senderos.
...Ha quebrado mis dientes con guijarro;
  me ha revolcado en la ceniza.

(Lam 3:1–2, 9, 16)

JESÚS NUNCA FALLA

El amor fiel de Dios a su pueblo se manifiesta y se cumple plenamente en Jesucristo, el cual, para honrar el vínculo de Dios con su pueblo, se hizo nuestro esclavo, se despojó de su gloria y asumió la forma de siervo. En su amor, no se rindió ante nuestra ingratitud, ni siquiera ante el rechazo. Nos lo recuerda san Pablo, "Si somos infieles, él—Jesús—permanece fiel, porque no puede negarse a sí mismo" (2 Tim 2:13). Jesús permanece fiel, no traiciona jamás: ni siquiera cuando nos equivocamos, él nos espera siempre para perdonarnos: él es el rostro del Padre misericordioso.

Este amor, esta fidelidad del Señor manifiesta la humildad de su corazón: Jesús no vino a conquistar a los hombres como los reyes y los poderosos de este mundo, sino que él vino a ofrecer amor con suavidad y humildad. Así es como él se definió a sí mismo: "Aprended de mí, que soy manso y humilde de corazón" (Mateo 11:29).

Señor Jesús,
Obediente hasta la muerte en la cruz,
¡Ten piedad de nosotros!

Padre Nuestro...

Pro peccatis suae gentis,
vidit Iesum in tormentis,
et flagellis subditum.

Por los pecados de su gente,
vio a Jesús en los tormentos,
y doblegado por los azotes.

Estación VIII

Jesús encuentra a las mujeres de Jerusalén

V. Te adoramos, oh Cristo, y te bendecimos.
R. Porque por tu santa cruz redimiste al mundo.

Le seguía una gran multitud del pueblo y mujeres que se dolían y se lamentaban por Él. Jesús, volviéndose a ellas, dijo: "Hijas de Jerusalén, no lloréis por mí; llorad más bien por vosotras y por vuestros hijos. Porque llegarán días en que se dirá: '¡Dichosas las estériles, las entrañas que no engendraron y los pechos que no criaron!' Porque si en el leño verde hacen esto, en el seco ¿qué se hará?"

(Lucas 23:27–29, 31)

EL DON DE SÍ MISMO QUE DA VIDA

Seguir a Jesús significa aprender a salir de nosotros mismos para ir al encuentro de los demás, para ir hacia las periferias de la existencia, para ser los primeros en movernos hacia nuestros hermanos y hermanas, en especial hacia aquellos más lejanos, aquellos que son olvidados, aquellos que tienen más necesidad de comprensión, de consolación, de ayuda...entrar cada vez más en la lógica de Dios, en la lógica de la cruz, que no es ante todo aquella del dolor y de la muerte, sino la del amor y del don de sí mismo que trae vida.

Señor Jesús,
Amor que trae consigo vida,
¡Ten piedad de nosotros!

Padre Nuestro...

Tui Nati vulnerati,
tam dignati pro me pati,
poenas mecum divide.

De tu Hijo lacerado,
que por mí tanto sufrió,
comparte conmigo las penas.

Estación IX

Jesús cae por tercera vez

V. Te adoramos, oh Cristo, y te bendecimos
R. Porque por tu santa cruz redimiste al mundo.

Bueno es para el hombre
  soportar el yugo desde su juventud,
que se siente solitario y silencioso
  cuando el Señor se lo impone,
que ponga su boca en el polvo:
  (quizá haya esperanza),
que tienda la mejilla a quien lo hiere,
  que se harte de insultos.
Porque no rechaza para siempre
  a los humanos el Señor.
Nos hace sufrir, pero también nos compadece
  porque es muy grande su amor.

(Lam 3:27–32)

LA INMENSIDAD DE LA MISERICORDIA

Dios puso en la cruz de Jesús todo el peso de nuestros pecados, todas las injusticias perpetradas por cada Caín contra su hermano, toda la amargura de la traición de Judas y de Pedro, toda la vanidad de los prepotentes, toda la arrogancia de los falsos amigos. Era una cruz pesada, como la noche vivida por las personas abandonadas, pesada como la muerte de las personas queridas, pesada porque resume toda la fealdad del mal. Sin embargo, es también una cruz gloriosa como el alba luego de una larga noche, porque representa todo el amor de Dios que es más grande que nuestras iniquidades y nuestras traiciones. En la cruz vemos la monstruosidad del hombre, cuando se deja guiar por el mal, pero vemos también la inmensidad de la misericordia de Dios que no nos trata según nuestros pecados, sino según su misericordia.

Señor Jesús,
Nuestra fuerza y nuestra salvación,
¡Ten piedad de nosotros!

Padre Nuestro…

Eia Mater, fons amoris,
me sentire vim doloris
fac, ut tecum lugeam.

Ea, Madre, fuente de amor,
házme sentir tu dolor
para que yo llore contigo.

Estación X

Jesús es despojado de sus vestiduras

V. Te adoramos, oh Cristo, y te bendecimos.
R. Porque por tu santa cruz redimiste al mundo.

Llegaron a un lugar llamado Gólgota, esto es, "Calvario" (que significa "lugar de la calavera"). Allí le dieron de beber vino mezclado con hiel; pero Él, después de probarlo, no quiso beberlo. Una vez que le crucificaron, se repartieron su ropa, echando suertes. Y se quedaron sentados allí para custodiarle.

(Mateo 27:33–36)

COMPARTIR LA MIRADA DE CRISTO

El cristiano sabe que siempre habrá sufrimiento, pero que le puede dar sentido, puede convertirlo en acto de amor, de entrega confiada en las manos de Dios, quien no nos abandona y, de este modo, puede constituir una etapa de crecimiento en la fe y en el amor. Viendo la unión de Cristo con el Padre, incluso en el momento de mayor sufrimiento en la cruz (véase Marcos 15:34), el cristiano aprende a participar en la misma mirada de Jesús. Incluso la muerte queda iluminada y puede ser vivida como la última llamada de la fe, el último "Sal de tu tierra" (Génesis 12:1), el último "¡Ven!" pronunciado por el Padre, en cuyas manos nos ponemos con la confianza de que nos sostendrá incluso en el paso definitivo.

Señor Jesús,
Tú que te has despojado a Ti mismo
Y has asumido la condición de siervo
¡Ten piedad de nosotros!

Padre Nuestro…

Fac ut ardeat cor meum
in amando Christum Deum
ut sibi complaceam.

Haz que mi corazón arda
en el amor a Cristo Dios
para que así le complazca.

Estación XI

Jesús es clavado en la cruz

V. Te adoramos, oh Cristo, y te bendecimos.
R. Porque por tu santa cruz redimiste al mundo.

Lo crucificaron y repartieron su ropa echando suertes. Y se sentaron a vigilarlo. Encima de su cabeza pusieron por escrito la causa de su condena: "Éste es Jesús, el Rey de los Judíos".

Con Él crucificaron a dos bandidos, uno a su derecha y otro a su izquierda. Los que pasaban meneaban la cabeza y blasfemaban contra Él diciendo, "Tú que destruyes el templo y en tres días lo reconstruyes, ¡sálvate a ti mismo! ¡Si eres el hijo de Dios, baja de la cruz!" De la misma manera se burlaban de Él los jefes de los sacerdotes, junto con los maestros de la ley y los ancianos, diciendo, "Salvó a otros, ¡pero no puede salvarse a sí mismo! ¡Y es el Rey de Israel! Que baje de la cruz, y así creeremos en Él".

(Mateo 27:35–42)

LA CRUZ, NUESTRA ÚNICA ESPERANZA

Cuando dirigimos la mirada a la cruz donde Jesús estuvo clavado, contemplamos el signo del amor, del amor infinito de Dios por cada uno de nosotros y la fuente de nuestra salvación. De esa cruz brota la misericordia del Padre, que abraza al mundo entero. Por medio de la cruz de Cristo ha sido vencido el Maligno, ha sido derrotada la muerte, se nos ha dado la vida, se ha devuelto la esperanza. Esto es importante: a través de la cruz de Cristo, la esperanza nos ha sido devuelta. La cruz de Jesús es nuestra única esperanza verdadera. Por eso la Iglesia "exalta" a la Santa Cruz y también por eso nosotros, los cristianos, nos bendecimos con la Señal de la Cruz. En otras palabras, no exaltamos cruces, sino la cruz gloriosa de Cristo, signo del amor inmenso de Dios, signo de nuestra salvación y camino hacia la resurrección. Esta es nuestra esperanza.

Señor Jesús,
Tú has derrotado al maligrno
¡Ten piedad de nosotros!

Padre Nuestro…

Sancta Mater, istud agas,
Crucifixi fige plagas,
cordi meo valide.

Santa Madre, yo te ruego,
que me traspases las llagas,
del Crucificado en mi corazón.

Estación XII

Jesús muere en la cruz

V. Te adoramos, oh Cristo, y te bendecimos.
R. Porque por tu santa cruz redimiste al mundo.

Junto a la cruz de Jesús estaban su madre, la hermana de su madre, maría la esposa de Cleofás, y María Magdalena. Cuando Jesús vio a su madre, y a su lado al discípulo a quien Él amaba, dijo a su madre: "Mujer, ahí tienes a tu hijo". Luego al discípulo, "Ahí tienes a tu madre". Y desde aquel momento ese discípulo la acogió en su casa. Después de esto, como Jesús sabía que ya todo había terminado, y para que se cumpliera la Escritura, dijo: "Tengo sed". Había allí una vasija llena de vinagre. Sujetaron a una rama de hisopo una esponja empapada en el vinagre, y se la acercaron a la boca. Al probar Jesús el vinagre, dijo

"Todo se ha cumplido". Luego inclinó la cabeza y entregó su espíritu.

(Juan 19:25–30)

UN AMOR QUE NO HA ESCAPADO A LA MUERTE

La mayor prueba de la fiabilidad del amor de Cristo se encuentra en su muerte por los hombres. Si dar la vida por los amigos es la demostración más grande de amor (véase Juan 15:13), Jesús ha ofrecido la suya por todos, también por los que eran sus enemigos, para transformar sus corazones…Sin embargo, es precisamente en la contemplación de la muerte de Jesús que la fe se refuerza y recibe una luz resplandeciente, cuando se revela como fe en su amor inagotable por nosotros, un amor que es capaz de llegar hasta la muerte para salvarnos. En este amor, que no retrocedió ante la muerte para manifestar cuánto nos ama, es algo en lo que podemos creer; la totalidad de la entrega de Cristo vence cualquier suspicacia y nos permite encomendarnos plenamente a él.

Señor Jesús,
Tú ofreciste tu vida por todos,
¡Ten piedad de nosotros!

Padre Nuestro…

Vidit suum dulcem Natum
moriendo desolatum
dum emisit spiritum.

Vio a su dulce Hijo
muriendo desolado
al entregar Su Espíritu.

Estación XIII

Jesús es bajado de la cruz y entregado a su madre

V. Te adoramos, oh Cristo, y te bendecimos.
R. Porque por tu santa cruz redimiste al mundo.

> Estaban allí, mirando de lejos, muchas mujeres que habían seguido a Jesús desde Galilea para servirle…Al atardecer, llegó un hombre rico de Arimatea, llamado José, que también se había convertido en discípulo de Jesús. Se presentó ante Pilato para pedirle el cuerpo de Jesús, y Pilato ordenó que se lo dieran.
>
> (Mateo 27:55, 57–58)

PERDER LA VIDA POR JESÚS

"El que quiera salvar su vida la perderá; pero el que pierda su vida por mi causa, ése la salvará" (Lucas 9:24).

Hay aquí una síntesis del mensaje de Cristo, y está expresado con una paradoja muy eficaz, que nos permite conocer su modo de hablar, casi nos hace percibir su voz…Pero ¿qué significa "perder la vida por causa de Jesús"? Esto puede realizarse de dos modos: explícitamente confesando la fe o implícitamente defendiendo la verdad. Los mártires son el máximo ejemplo del perder la vida por Cristo. En dos mil años son una multitud inmensa los hombres y las mujeres que sacrificaron la vida por permanecer fieles a Jesucristo y a su Evangelio. Hoy, en muchas partes del mundo, hay muchos, muchos, muchos mártires—más que en los primeros siglos—que dan sus propias vidas por Cristo y son conducidos a la muerte por no negar a Jesucristo. Esta es nuestra Iglesia. ¡Hoy tenemos más mártires que en los primeros siglos! Pero está también el martirio cotidiano, que no causa la muerte pero que también es un "perder la vida" por Cristo, al cumplir con nuestro propio deber con amor, según la lógica de Jesús, la lógica del don, del sacrificio.

Señor Jesús,
Quien perdió su vida para salvarnos
¡Ten piedad de nosotros!

Padre Nuestro…

Fac me tecum pie flere,
Crucifixo condolere,
donec ego vixero.

Haz que mientras viva llore,
Y me conduela contigo,
Por el Crucificado.

Estación XIV

Jesús es puesto en el sepulcro

V. Te adoramos, oh Cristo, y te bendecimos.
R. Porque por tu santa cruz redimiste al mundo.

José tomó el cuerpo, lo envolvió en una sábana limpia y lo puso en su sepulcro nuevo, que había hecho excavar en la roca. Luego, hizo rodar una gran piedra hasta la entrada del sepulcro y se fue. Estaban allí María Magdalena y la otra María, sentadas frente al sepulcro.

(Mateo 27:59–61)

DIOS NOS JUZGA AMÁNDONOS

La cruz de Jesús es la palabra con la que Dios ha respondido al mal del mundo. A veces nos parece que Dios no responde al mal, que permanece en silencio. En realidad Dios ha hablado, ha respondido, y su respuesta es la cruz de Cristo: una palabra que es amor, misericordia, perdón. También revela un juicio: Dios nos juzga amándonos. Recordemos esto: Dios nos juzga amándonos. Si acepto su amor estoy salvo, si lo rechazo me condeno, no por él, sino por mí mismo, porque Dios no condena, él solo ama y salva.

Queridos hermanos, la palabra de la cruz es también la respuesta de los cristianos al mal que sigue actuando en nosotros y a nuestro alrededor. Los cristianos deben responder al mal con el bien, tomando sobre sí la cruz, como lo hizo Jesús.

Señor Jesús,
Tú nos juzgas amándonos,
¡Ten piedad de nosotros!

Padre Nuestro…

Quando corpus morietur
fac ut animae donetur
paradisi gloria.
Amén.

Y cuando mi cuerpo muera
haz que mi alma alcance
la gloria del paraíso.
Amén.

Oración final

Contempla, oh bueno y querido Jesús,
que me ponga de rodillas ante ti
y, con un gran fervor de espíritu,
te pido y te suplico que infundas en mi corazón
sentimientos ardientes de fe, esperanza, y caridad,
con un verdadero arrepentimieto por mis pecados
y con un muy firme propósito de enmienda.
Con profundo afecto y dolor
reflexiono íntimamente
y contemplo en mi mente tus cinco heridas,
teniendo ante mis ojos lo que el profeta David
ya había puesto en tus labios sobre Ti, Oh buen Jesús:
Me han traspasado mis manos y mis pies;
Puedo contar todos mis huesos (Salmo 22:16–18).

Misal Romano, Acción de
Gracias después de la Misa

Rezar un Padre Nuestro, un Ave María y un Gloria por las intenciones del Santo Padre.

Bendición final

Celebrante: Que el Padre de misericordia, quien a través de la pasión de su Hijo nos ha dado la plenitud de su amor, les conceda el don de su bendición en el servicio de Dios y de los hombres.

Todos: Amén.

Celebrante: Que Cristo nuestro Señor, quien con su pasión nos salvó de la muerte eterna, les conceda la vida eterna.

Todos: Amén.

Celebrante: Que aquellos que siguen al humillado y sufriente Cristo, también compartan en su resurrección.

Todos: Amén.

Celebrante: Y que la bendición de Dios Todopoderoso, del Hijo ✠ y del Espíritu Santo, descienda sobre ustedes y permanezca siempre con ustedes.

Todos: Amén.

Fuentes de meditaciones

Estación I: 27 de marzo de 2013, Audiencia General, visitada el 2 de septiembre de 2015, https //w2.vatican.va/content/francesco/es/audiences/2013/documents/papa-francesco_20130327_udienza-generale.html.

Estación II: 26 de julio de 2013, Río de Janeiro, Vía Crucis con los Jóvenes, visitada el 2 de septiembre de 2015, https://w2.vatican.va/content/francesco/es/speeches/2013/july/documents/papa-francesco_20130726_gmg-via-crucis-rio.html.

Estación III: 18 de agosto de 2013, Ángelus, visitada el 2 de septiembre de 2015, https://w2.vatican.va/content/francesco/es/angelus/2013/documents/papa-francesco_angelus_20130818.html.

Estación IV: Exhortación Apostólica *Evangelii Gaudium*, n. 286, visitada el 2 de septiembre de 2015, https://w2.vatican.va/content/francesco/es/apost_exhortations/docments/papa-francesco_esortazione-ap_20131124_evangelii-gaudium.html#El_regalo_de_Jes%C3%BAs_a_su_pueblo.

Estación V: 26 de julio de 2013, Río de Janeiro, Vía Crucis con los Jóvenes, visitada el 2 de septiembre de 2015, https://w2.vatican.va/content/francesco/es/speeches/2013/july/documents/papa-francesco_20130726_gmg-via-crucis-rio.html.

Estación VI: 24 de marzo de 2013, Homilía de la Celebración del Domingo de Ramos, visitada el 2 de septiembre de 2015, https://w2.vatican.va/content/francesco/es/homilies/2013/documents/papa-francesco_20130324_palme.html.

Estación VII: 27 de junio de 2014, Homilía de la Solemnidad del Sagrado Corazón de Jesús, visitada el 2 de septiembre de 2015, https://w2.vatican.va/content/francesco/es/homilies/2014/documents/papa-francesco_20140627_omelia-ospedale-gemelli.html.

Estación VIII: 27 de marzo de 2013, Audiencia General, visitada el 2 de septiembre de 2015, http://w2.vatican.va/content/francesco/es/audiences/2013/documents/papa-francesco_20130327_udienza-generale.html.

Estación IX: 18 de abril de 2014, Vía Crucis de Viernes Santo en el Coliseo, visitada el 2 de septiembre de 2015, https://w2.vatican.va/content/francesco/es/speeches/2014/april/documents/papa-francesco_20140418_via-crucis.html.

Estación X: Carta Encíclica *Lumen Fidei*, n. 56, visitada el 2 de septiembre de 2015, https://w2.vatican.va/content/francesco/es/encyclicals/documents/papa-francesco_20130629_enciclica-lumen-fidei.html.

Estación XI: 14 de septiembre de 2014, Ángelus, visitada el 2 de septiembre de 2015, https://w2.vatican.va/content/francesco/es/angelus/2014/documents/papa-francesco_angelus_20140914.html.

Estación XII: Carta Encíclica *Lumen Fidei*, n. 16, visitada el 2 de septiembre de 2015, https://w2.vatican.va/content/francesco/es/encyclicals/documents/papa-francesco_20130629_enciclica-lumen-fidei.html.

Estación XIII: 23 de junio de 2013, Ángelus, visitada el 2 de septiembre de 2015, https://w2.vatican.va/content/francesco/es/angelus/2013/documents/papa-francesco_angelus_20130623.html.

Estación XIV: 29 de marzo de 2013, Vía Crucis de Viernes Santo en el Coliseo, visitada el 2 de septiembre de 2015, https://w2.vatican.va/content/francesco/es/speeches/2013/march/documents/papa-francesco_20130329_via-crucis-colosseo.html.